Leserabe

3. Lesestufe

W0334807

Katja Reider

Ein Fall für die Kichererbsen

Mit Bildern von Isabelle Metzen

Mildenberger Verlag
Ravensburger Buchverlag

Bibliografische Information der Deutschen Nationalbibliothek:

Die Deutsche Nationalbibliothek verzeichnet diese Publikation
in der Deutschen Nationalbibliografie.
Detaillierte bibliografische Daten sind im Internet
über http://dnb.d-nb.de abrufbar.

1 2 3 4 5 E D C B A

Ravensburger Leserabe

Umschlagbild: Isabelle Metzen
Konzeption Leserätsel: Dr. Brigitta Redding-Korn
Design Leserätsel: Sabine Reddig

Printed in Germany
ISBN 978-3-619-14481-5
(für die Ausgabe im Mildenberger Verlag)
ISBN 978-3-474-38568-3
(für die Ausgabe im Ravensburger Buchverlag)

www.mildenberger-verlag.de
www.ravensburger.de
www.leserabe.de

Inhalt

Warme Dusche

Frau Kühnlein ist eine wirklich gute Lehrerin, sagt Mama immer. Und dass wir uns später gern an sie erinnern werden. Also an Frau Kühnlein, nicht an Mama. Frau Kühnlein ist unsere Klassenlehrerin. Und ich glaube auch, dass wir später gern an sie zurückdenken werden. Denn sie ist echt in Ordnung. Wenn nur die ‚Warme Dusche' nicht wäre …!
Frau Kühnlein liebt die ‚Warme Dusche' und heute wird ihr Strahl meine Freundin Maja treffen. Maja hatte nämlich am Wochenende Geburtstag und deswegen ist sie heute dran!
Die Klasse hat bereits einen Stuhlkreis gebildet und Maja hockt in der Mitte. Sie macht ein Gesicht, als hätte Frau Kühnlein ihr gerade zehn Jahre

Nachsitzen aufgebrummt oder Schulhof-Fegen oder Alten-Kaugummi-vom-Boden-Schaben. Sie zieht eine so jammervolle Grimasse, dass ich plötzlich das starke Bedürfnis habe loszukichern. Ich merke, wie sich tausend Lachbläschen in meinem Bauch zusammenrotten. Und ich weiß genau: Im unpassendsten Moment werden sie hochsteigen und mit aller Gewalt aus mir herausbrechen. Ohne, dass ich auch nur das Geringste dagegen tun kann!

Oje! Natürlich bemerkt Frau Kühnlein nichts von meinem drohenden Lachanfall. Frau Kühnlein ist bester Laune und ganz in ihrem ‚Warme-Dusche'-Glück. „Hört mal", sagt sie. „Wie ihr wisst, hatte Maja gestern Geburtstag. Und deswegen wollen wir ihr heute alle sagen, warum wir sie gernhaben und was wir besonders an ihr mögen. Mit einer ‚Warmen Dusche' aus ganz lieben Worten!" Frau Kühnlein blickt strahlend in die Runde. „Na, wer möchte anfangen?"

Maja starrt angestrengt zu Boden und wartet. Wenn Jette und ich jetzt nicht gleich den Anfang machen, wird Maja uns beiden die Freundschaft kündigen. Und zwar mit sofortiger Wirkung! Tatsächlich meldet sich Jette zu Wort. „Maja, ich mag an dir, dass du uns immer … äh … von deinen Schoko-Riegeln abbeißen lässt!“ Frau Kühnlein zieht verwundert die Augenbrauen hoch. Und ich blitze Jette an. Es ist streng verboten, Süßigkeiten mit zur Schule zu nehmen! Und überhaupt: Ist Jette nichts Besseres eingefallen? Schließlich sind Maja, Jette und ich, Nelly, weltbeste Freundinnen! Seit dem ersten Schultag! Ich seufze. Jette und ich hätten heute Morgen noch mal über geeignete Komplimente für Maja nachdenken sollen. Dieser Start war ein glatter Reinfall! Ich muss die Situation retten, und zwar

schnell! Schon schießt mein Finger in die Höhe. Aber bevor Frau Kühnlein mich drannehmen kann, brüllt Niklas in die Runde: „Also, ich finde es echt toll, dass Maja so viele Sommersprossen hat!"
Frau Kühnlein lächelt gerührt. „Ja, das sieht hübsch aus, nicht wahr?"
„Nee!", ruft Niklas. „Aber Maja ist noch gesprenkelter als ich. Und so sehe ich nicht alleine aus wie ein Streuselkuchen!"

„Aha!“, macht Frau Kühnlein und wirkt jetzt etwas ratlos. Himmel, es wird wirklich Zeit für meinen Einsatz! Ich werde das Steuer herumreißen. Egal wie!
„Ich finde es schön, dass Maja immer so lustig ist!“, platze ich heraus. „Mit ihr kann man den ganzen Tag herumalbern!“
„Was anderes macht ihr drei ja sowieso nicht!“, wirft Leon ein.
„Ruhe!“, mahnt Frau Kühnlein. „Vergesst bitte nicht, wozu die ‚Warme Dusche‘ da ist. Wir wollen uns gegenseitig etwas Nettes sagen. – Ja, Ayla?“
„Ich mag Majas Lachen“, piepst Ayla los, „das klingt immer so schön meckerig wie die Ziege von meinem Onkel Silas!“
Eine Sekunde lang ist es ganz still. Dann prusten Jo und Leon los, die anderen lachen ebenfalls. Nur Frau Kühnlein scheint nicht fassen zu können, dass ihre

‚Warme Dusche' gerade gründlich aus dem Ruder läuft. Als ich ihr verdattertes Gesicht sehe, ist es auch mit meiner Beherrschung vorbei. Ich gluckse und breche schließlich in haltloses Kichern aus. Jette stimmt ein – und zuletzt auch Maja. Tatsächlich! Sie lacht, bis ihr Gesicht puterrot ist. Und jetzt weiß ich wieder, was ich an Maja ganz besonders mag: Sie kann über sich selbst lachen! Das muss ich mir unbedingt merken. Für Majas ‚Warme Dusche' im nächsten Jahr …

Lakritzschnecken-Alarm

„Also, ein bisschen mehr hätte euch schon einfallen können!“, beschwert sich Maja, als wir nach Schulschluss zu unseren Fahrrädern gehen.
„Hast Recht“, gebe ich zerknirscht zu.
„Bist du sauer auf uns?“
„Wie eine Zitrone“, sagt Maja, aber sie grinst dabei. „Na, wenigstens habe ich es für dieses Jahr hinter mir ...“
Jette fängt schon wieder an zu gackern.
„Habt ihr Kühnleins Blick gesehen, als Ayla das mit der Ziege ...“ Sie prustet los.
Von hinten kommen Jo und Leon angeschlurft.
„Boah, der Klub der Kichererbsen!“, stöhnt Leon. „Nix wie weg hier!“
„Besser Kichererbsen als Lakritzschnecken wie ihr“, kontert Maja.

Jo und Leon haben nämlich nicht nur eine Vorliebe für Lakritze. Sie tragen auch noch meistens schwarze Shirts und heben beim Laufen kaum die Füße vom Boden. Deswegen hat Jette die beiden die ‚Lakritzschnecken' getauft. Sehr passend! Und irgendwie müssen wir uns ja gegen die ewigen ‚Kichererbsen'-Rufe zur Wehr setzen. Ein bisschen ärgert mich der Spitzname schon, den die Jungs uns verpasst haben. Denn, na ja, ehrlich

gesagt, finde ich Jo gar nicht mal … äh … sooo übel. Aber das ist streng geheim. Nicht mal Jette und Maja wissen davon.

„Jetzt mal im Ernst“, sage ich, als Jo und Leon davongeschlurft sind. „Sind wir wirklich so alberne Hühner?“

Jette sieht mich erstaunt an. „Quatsch! Wie kommst du denn darauf, Nelly?“

Ich zucke mit den Achseln. „Ach, ich weiß nicht … Wir albern echt viel herum, oder?“

„Ja, aber doch nicht nur!“, widerspricht Maja. Es klingt fast ein bisschen empört. Und sie hat ja Recht: Wenn eine von uns dreien ein Problem hat, sind die beiden anderen immer für sie da. Stundenlang reden wir dann miteinander. Ohne jedes Gekicher. Na ja, fast ohne.
Keine Ahnung, was heute mit mir los ist. Sonst kratzen mich die Sticheleien der Lakritzschnecken doch auch nicht! Egal, es gibt Wichtigeres! Zum Beispiel meinen Job. Also, eigentlich ist es ja nur so eine ART Job. Ich soll heute Nachmittag mal wieder auf Tinchen aufpassen, weil Mama arbeiten muss. Tinchen ist meine kleine Schwester und zuckersüß. Es sei denn, sie massiert sich gerade Spaghetti in die Haare oder benutzt meinen nagelneuen Mini-iPod als Beißring (beides schon vorgekommen!). Das Problem bei meinem

Babysitting-Job ist die Bezahlung. Die existiert nämlich nicht. Mama meint, in einer Familie sei es selbstverständlich, dass man sich gegenseitig hilft. Sie würde Tinchen und mir ja auch keine Rechnung stellen, wenn sie unsere Socken wäscht oder für uns kocht. Unter uns: Für Mamas zweifelhafte Kochkünste würde KEINER auch nur einen CENT bezahlen! Aber das sage ich ihr natürlich nicht.

Immerhin dürfen sich Tinchen und ich immer ein Eis holen, wenn ich auf sie aufpasse. Das ist ja auch eine Art Bezahlung. Und wenn ich beim Babysitten noch Maja oder Jette treffen kann, ist es natürlich umso besser.
So zuckele ich auch heute mit Tinchen im Buggy zum Eiscafé Venezia am Marktplatz. Maja wartet schon auf uns. Überhaupt trifft man hier bei richtig gutem Wetter die halbe Klasse. Kein Wunder, dass Signora Bianchi, die Chefin des Venezia, viele von uns sogar mit Namen begrüßt.
Die Tische draußen sind wieder mal fest in der Hand der Milchkaffee-Muttis, die ihre Kinderwagen schuckeln. Und am Marktbrunnen nebenan scharen sich wie immer die Touristen. Der Brunnen mit der goldenen Taube an der Spitze ist eines

der Wahrzeichen unseres Städtchens und stets umlagert. Gerade fotografiert ein älterer Herr dort eifrig seine graugelockte Begleiterin. Die Dame ist bestimmt mindestens so alt wie meine Oma. Aber sie strahlt und räkelt sich auf dem Rand des Brunnens wie ein Topmodel, während er entzückt Foto um Foto knipst. Die beiden wirken richtig verliebt!
„Süß“, flüstert Maja mir zu.
Ich nicke und schiebe Tinchens Buggy zwischen den Tischen hindurch zum Tresen. Dann hebe ich mein

Schwesterchen schnaufend heraus. Tinchen besteht nämlich darauf, jedes Mal alle zwanzig Eissorten genau in Augenschein zu nehmen. Um sich anschließend doch immer für Vanille mit bunten Streuseln zu entscheiden. Aber wehe, ich komme auf die Idee, einfach für Tinchen zu bestellen! Dann startet sie ein solches Geschrei, dass sämtliche Milchkaffee-Muttis entrüstet zu uns herübergucken. Und das ist dann fast so schlimm wie Frau Kühnleins ‚Warme Dusche‘!

Ein dreister Raub

Kaum habe ich Tinchen hochgewuchtet, damit sie sich den verlockenden Inhalt der verschiedenen Eisbehälter anschauen kann, höre ich hinter mir einen gellenden Schrei: „MEINE TASCHE!“
Plötzlich ist alles in Bewegung! Stühle werden gerückt, Leute springen auf, reden aufgeregt durcheinander.
Maja und ich sehen uns erschrocken an. Nanu, was ist denn jetzt los? Ohne Tinchens Protest zu beachten, hebe ich sie von der Ablage und wende mich um. Eine Frau steht völlig fassungslos vor ihrem Tisch, das Gesicht hochrot vor Aufregung.
„Meine Handtasche!“, ruft sie. „Jemand hat meine Handtasche geklaut! Gerade eben!“

Schon eilt Signora Bianchi auf die Frau zu. „Sind Sie sicher?“
„Was? Ja, natürlich bin ich sicher!“ Die Frau sackt auf ihren Stuhl. „Ich war nur

kurz drinnen im Café, um ein Wasser zu bestellen. Und als ich zurückkam, war meine Tasche verschwunden! Hier stand sie eben noch! Genau hier unten, an meinem Stuhl!“ Sie schüttelt hilflos den Kopf. „Das darf doch nicht wahr sein …!“

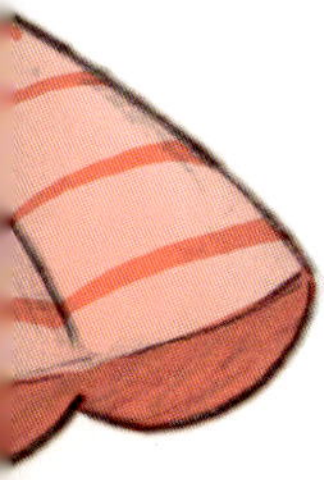

„Vielleicht haben Sie die Tasche ja doch mit hineingenommen?“, meint ein junger Mann am Nebentisch.

„Unsinn!“, faucht die Bestohlene. „Ich habe sie hier stehen lassen! Nur für eine Minute!“

Sie wendet sich an die anderen Gäste: „Hat denn keiner von Ihnen etwas bemerkt? Der Dieb muss doch direkt hier vorbeispaziert sein! Hat meine Tasche gesehen und zugegriffen!“

Ratloses Kopfschütteln. Anscheinend ist niemandem etwas aufgefallen.

Signora Bianchi blickt fragend zu Maja

und mir herüber. „Und was ist mit euch beiden? Von da vorn aus hat man doch alle Tische im Visier!“
Ups, plötzlich sind alle Augen auf uns gerichtet! Ich spüre, wie ich knallrot anlaufe. Und die arme Maja steht zum zweiten Mal an diesem Tag ungewollt im Mittelpunkt.
„N-n-nein“, stottert sie, „tut mir leid, ich hab nur auf Tinchen geachtet und auf das Eis.“
„I-ich auch“, ergänze ich schnell.
„Verstehe.“ Signora Bianchi nickt. „Tja, da kann man nichts machen!“
Aber jetzt meldet sich eine Frau mit einem hellblonden Dutt zu Wort. „Mir fällt gerade ein: Da ist so ein Junge dicht an den Tischen vorbeigelaufen … und für einen kleinen Moment stehen geblieben …“
Signora Bianchi horcht auf. „Wissen Sie noch, wie er aussah?“

Die Blonde zuckt mit den Achseln. „Ich habe ihn ja nur aus den Augenwinkeln gesehen.“ Sie überlegt. „Er hatte rötliches Haar, ziemlich strubbelig, und er trug ein dunkles T-Shirt mit einem weißen Aufdruck, eine Schildkröte, glaube ich …“ Sie stockt. „Ich habe natürlich nicht gesehen, dass er die Tasche genommen hat. Aber er war in der Nähe, als es passiert sein muss.“ Sie überlegt erneut. „Eins ist mir noch aufgefallen: Er lief so merkwürdig, irgendwie schleppend …“

WAS?! Maja und ich wechseln einen erschrockenen Blick. Tinchen schreit leise auf. Anscheinend habe ich ihr meine Finger in den Arm gebohrt, ohne es zu merken. Mir ist heiß und kalt zugleich. Angespannt warte ich darauf, dass es bei Signora Bianchi ‚Klick' macht. Es kann nicht mehr lange dauern. Eins. Zwei. Drei. Vier. Na bitte! Sie steuert auf uns zu. „Die Beschreibung passt doch auf diesen Jungen aus eurer Schule, oder?", sagt sie leise. „Mit dem du letzte Woche hier gesessen hast, Nelly! Wie heißt er noch?"

Schon öffnet Maja den Mund, da knuffe ich sie unsanft in die Seite.
Erschrocken klappt Maja den Mund wieder zu.
„Keine Ahnung“, sage ich.
Signora Bianchi zieht die Augenbrauen hoch. „Dass die Dame dort möglicherweise euren Freund gesehen hat, heißt ja nicht gleich, dass er die Tasche gestohlen hat. Aber vielleicht hat er etwas gesehen?“
Ich schlucke. „Ich weiß wirklich nicht, wen Sie meinen“, krächze ich.
Maja senkt den Blick. „Ich … äh … auch nicht“, murmelt sie.
„Wie ihr meint“, sagt Signora Bianchi verschnupft. Dann wendet sie sich ab, um sich mit der bestohlenen Frau zu beratschlagen. Ich höre, wie die Worte ‚Polizei‘, ‚Wache‘ und ‚Anzeige‘ fallen.

Aber Tinchen hat keine Lust mehr, noch länger auf ihr Eis zu warten. Sie zerrt an meinem Arm und zeigt energisch auf das Vanilleeis. Also bestelle ich rasch drei Eiswaffeln und lege das Geld passend auf den Tresen. Maja setzt Tinchen in den Buggy und drückt ihr Onkel Otto, ihren Plüschhasen, in den Arm. Dann ziehen wir ab, ohne noch einmal nach rechts oder links zu schauen. Nichts wie weg hier!

Jo unter Verdacht

„Meinst du, der Junge, den diese Dutt-Frau gesehen hat, war wirklich Jo?“, fragt Maja, als wir in sicherer Entfernung sind.
„Keine Ahnung“, sage ich. „Aber die Beschreibung passt schon ganz gut, oder?“
Maja nickt. „Signora Bianchi hat ja auch sofort an ihn gedacht.“
„Herrje, TINCHEN, lass das!“ Einen Moment lang bin ich vollauf damit beschäftigt, Tinchens Plüschhasen vor ihrem Eis in Sicherheit zu bringen.
„Onkel Otto mag nichts Süßes!“, belehre ich meine kleine Schwester. „Der frisst lieber Möhrchen.“ Dann sage ich zu Maja: „Zum Glück konnte ich dich ja noch davon abhalten, Signora Bianchi seinen Namen zu nennen!“

„Wie? Onkel Ottos?“, fragt Maja verständnislos. „Warum sollte ich denn …?“
Ich verdrehe die Augen. „Ich meine natürlich Jos Namen!“
„Ja, aber wenn er es doch war …“, meint Maja zögernd.
Wie bitte?! Ich blitze meine Freundin an. „Du glaubst doch nicht ernsthaft, dass Jo durch die Gegend läuft und Handtaschen klaut?“

Maja tippt sich an die Stirn. „Natürlich nicht, Nelly! Aber genau deswegen hätten wir doch Jos Namen ruhig verraten können. Umso schneller hätte sich alles aufgeklärt!“

Ich schüttele den Kopf. „Nein! Wir hätten Jo in eine total blöde Situation gebracht! Stell dir mal vor, bei seinen Eltern steht plötzlich die Polizei auf der Matte und fragt, ob ihr Sohn vielleicht eine Tasche geklaut hat. Sie sollten doch freundlicherweise mal in seinem Zimmer nachschauen.“

„Und wenn schon! Jo ist doch noch gar nicht strafmündig. Wir alle nicht!“, trumpft Maja auf. Ich seufze. Manchmal lässt Maja gerne raushängen, dass sie die Tochter einer erfolgreichen Anwältin ist.

„Möchtest DU unter einem solchen Verdacht stehen?“, frage ich.

Himmel, Maja ist es doch schon peinlich, verdächtigt zu werden, das letzte Klopapier genommen zu haben, ohne eine neue Rolle hinzuhängen.

„Nein“, gibt sie dann auch zu. „Du hast ja Recht, Nelly! Aber früher oder später wird Signora Bianchi Jos Name von selber wieder einfallen.“

Ich beiße mir auf die Lippen. Das stimmt.

„Wir sollten ihn warnen“, überlegt Maja.

Ich nicke langsam. „Es gibt noch eine weitere Möglichkeit …“

„Und die wäre?“ Erwartungsvoll blickt mich Maja an.

„Wir finden den wirklichen Handtaschen-Dieb“, sage ich.

Maja tut so, als hätte ich vorgeschlagen, mal kurz zum Mond zu fliegen. Selbst Tinchen scheint zu spüren, dass Spannung in der Luft liegt.

„Komm schon, Maja“, sage ich. „Lass uns den Lakritzschnecken zeigen, dass wir mehr sind als drei hohle Kichererbsen! Außerdem macht es bestimmt Spaß, ein bisschen Detektiv zu spielen!“

Maja zuckt mit den Achseln. „Ich weiß zwar nicht, wie das gehen soll, aber meinetwegen.“ Plötzlich grinst sie. „Da fällt mir ein: Was hat Signora Bianchi da erzählt? Warst du wirklich letzte Woche mit Jo im Venezia? Allein??“

Erwischt!

„Wir haben uns ganz zufällig getroffen und nur kurz gequatscht“, murmele ich. „Jetzt ruf mal lieber Jette an und frag, ob sie zum Marktplatz kommen kann. Die erste Lagebesprechung der Soko Kichererbsen steht an! – Soko heißt Sonderkommission.“

„Und wieso auf dem Marktplatz?“

Maja scheint ja echt keine Ahnung von Detektivarbeit zu haben!
„Weil die Polizei immer am Tatort mit der Spurensicherung beginnt“, erkläre ich geduldig. „Und wer weiß: Vielleicht kommt uns dann eine Idee, wie wir am besten vorgehen könnten!“
Bisher habe nämlich auch ich nicht den blassesten Schimmer, wie man einen solchen Fall anpackt …

Aber das muss ich Maja ja nicht gleich auf die Nase binden!
Wir haben Glück: Jette verspricht, in einer halben Stunde am Brunnen zu sein. Maja und ich nutzen die verbleibende Zeit, um Tinchen und Onkel Otto nach Hause zu bringen. Bei der Detektivarbeit könnten die beiden stören. Wer weiß, was noch alles auf uns zukommt …

Ein genialer Plan

„Müssen wir sofort die Ermittlung aufnehmen oder darf ich mir noch ein Eis holen?“, begrüßt uns Jette grinsend.
Sie darf. Und während Jette ihr Eis schleckt, erklären Maja und ich ihr alles.
„Wir können Jo nur helfen, indem wir den richtigen Dieb finden!“, schließe ich.
„Ja, ja, das habe ich schon kapiert“, sagt Jette und nickt. „Aber wie wollen wir das anstellen?“
Maja zückt ihr Fotohandy und pflanzt sich zwischen uns. „Vor allem muss die erste Lagebesprechung der Soko Kichererbsen für die Nachwelt festgehalten werden. Cheese!!“
Folgsam lächeln Jette und ich in die Kamera – und da, genau im selben Augenblick, macht es auch bei mir KLICK!

„Ich hab's!", rufe ich aus. „Leute, wenn wir Glück haben, gibt's ein Foto von dem Diebstahl!"
Majas Augen werden groß wie Teetassen.
„Ein Foto? Wieso?"
Ich kann kaum sprechen vor Aufregung.
„Erinnerst du dich an dieses ältere Liebespaar? Der weißhaarige Typ, der seine Frau vor dem Brunnen fotografiert

hat? In etwa hundert verschiedenen Positionen?“

„Ja, natürlich erinnere ich mich“, sagt Maja, „aber ich kapiere noch immer nicht –“

Jette schon: „Du meinst, man sieht die Eisdiele im Hintergrund, Nelly?“

Ich nicke. „Ja, klar! Schau, der Mann hat dort gestanden und in Richtung Eiscafé fotografiert. Als wir an den Tresen

gegangen sind, war er immer noch dabei. Zur gleichen Zeit hat der Dieb zugeschlagen. Ich wette, der Raub ist auf den Fotos zu sehen!“

„Du hast Recht, Nelly!“ Jetzt blitzen auch Majas Augen. „Wir müssen das Paar wiederfinden! Aber wie sollen wir das anstellen?“

„Hmm …“ Ich überlege angestrengt. „Die waren nicht von hier, sondern Touristen! Einheimische fotografieren sich nicht gegenseitig vor dem Marktbrunnen.“

Maja nickt. „Stimmt! Außerdem trug der Mann einen Stadtplan in der Tasche.“

„Echt?“ Das war mir gar nicht aufgefallen. Aufmerksam lasse ich meinen Blick über die anderen Cafés am Platz gleiten.

„Wenn unser Liebespaar nicht mehr hier irgendwo ist, besichtigen die beiden jetzt bestimmt die alte Stadtmauer!“

„Oder sie sind im Burgmuseum“, ergänzt Jette die Liste der Sehenswürdigkeiten, „oder in der Marienkapelle.“

„Oder im Hotel“, seufzt Maja. „Puh, das wird ein hartes Stück Arbeit …“

„Wir teilen uns auf“, entscheide ich. „Anders ist das nicht zu schaffen!“

Da Jette unser Pärchen nicht selbst gesehen hat, kann sie nicht alleine losziehen. Also machen wir uns zu zweit auf den Weg zum Museum, während Maja die Stadtmauer ablaufen will.

Doch Jette und ich kommen zu spät. Das Museum hat bereits geschlossen und die Kassiererin macht ihre Abrechnung. Ich stecke meinen Kopf ins Kassenhäuschen. „Entschuldigung, aber ich … äh … suche meine Großeltern! Vielleicht können Sie mir sagen, ob sie heute Nachmittag hier waren? Wir wollten nämlich zusammen essen gehen und … äh …“
Die Kassiererin mustert mich. „Es war nicht viel los heute. Wie sehen die beiden denn aus?“
Ich überlege angestrengt. „Och, wie Großeltern eben so aussehen: Beide haben graues Haar, so ein bisschen lockig, und …“ Meine Stimme versiegt. Mehr fällt mir nicht ein. Ich habe die Leute ja nur kurz gesehen. Der Blick der Kassiererin wird eine Spur misstrauisch. Deswegen füge ich schnell hinzu: „Die

zwei sind immer noch sehr verliebt!"
Jetzt lacht die Kassiererin. „Dann weiß ich, wen du suchst! Ja, deine Großeltern waren gerade eben noch hier."
Super! Ich mache Jette schnell das Victory-Zeichen. „Wissen Sie, wo sie von hier aus hinwollten?"
Die Frau an der Kasse schüttelt den Kopf. „Nein, aber deine Oma wirkte etwas erschöpft. Ich vermute, die beiden ruhen sich erst mal aus. Vielleicht sind sie bei euch zu Hause oder im Hotel?"

„Dann finde ich sie bestimmt. Vielen Dank!“ Ich verabschiede mich und ziehe Jette weiter. „Na, was sagst du? Das nenne ich einen echten Fahndungserfolg!“ Ich fühle mich wie eine Mischung aus Sherlock Holmes und Geheimagent 007. „Jetzt müssen wir nur noch die Hotels abklappern und dann haben wir sie.“

„‚Nur noch‘ ist gut“, spottet Jette. „Weißt du, wie viele Hotels es in dieser Stadt gibt?“

Klar weiß ich das, aber jetzt kann mich nichts mehr aufhalten! Nichts außer Majas Schüchternheit …
„Sorry, Leute“, erklärt Maja mir am Telefon, „aber ich marschiere nicht allein in ein Hotel und frage nach zwei auffallend verliebten Graulöckchen! Das bringe ich einfach nicht!“
„Okay, dann treffen wir uns vor dem Ratshotel und versuchen es zusammen!“
Damit ist Maja einverstanden.
Erst als sich der nette Mann an der Hotelrezeption nach dem Namen meiner angeblichen Großeltern erkundigt, merke ich, dass meine Geschichte hier nicht funktioniert. Himmel, wie konnte ich nur so blöd sein?! Mit hochrotem Kopf versuche ich, dem Mann anschließend die wahren Zusammenhänge zu erklären. Und als er sie endlich kapiert hat,

werden wir enttäuscht: Im Ratshotel ist kein auffallend verliebtes Rentnerpaar abgestiegen! Auch im Hotel am Markt nicht, wo wir anschließend nachfragen. Ebenso wenig im Haus zum Hirschen und im Maierhof. Auch im Hotel zur Tanne wohnt kein älteres Paar, auf das unsere Beschreibung passt …

Längst ist mein Höhenflug tiefer Enttäuschung gewichen. Auch Jette und Maja lassen die Flügel hängen.

Jette blickt auf die Uhr. „Vielleicht können wir morgen noch ein paar Hotels abklappern?“

Mutlos zucke ich die Achseln. „Ach, das bringt ja doch nichts!“ Ich versuche ein schiefes Grinsen. „Wahrscheinlich war das Ganze von Anfang an keine gute Idee …“

„Unsinn!“, sagt Maja und streicht mir tröstend über den Arm. „Wir haben zumindest versucht, ein bisschen Detektiv zu spielen und Jo kann – Nelly, hörst du mir überhaupt zu? Was ist denn los? NELLY?!“

Aber ich spurte schon los.

Starke Beweise

Hand in Hand stehen sie vor dem Schaufenster eines Goldschmieds und bewundern die Auslagen. Als ich von hinten auf sie zustürze, fahren beide erschrocken herum.
„E-e-entschuldigung!“, stammele ich außer Atem. „Aber ich … das heißt, meine Freundinnen und ich, wir haben Sie den ganzen Nachmittag gesucht!“
„Uns beide?“ Der alte Herr sieht mich verwirrt an. „Aber warum denn? Kennen wir uns?“
„Jetzt lass das arme Kind doch erst mal zu Atem kommen“, sagt seine Frau lächelnd.
„D-danke“, keuche ich, „es geht schon!“
Von hinten nähern sich jetzt auch Jette und Maja. Der alte Herr sieht Maja fragend an. „Haben wir uns nicht schon

vorhin auf dem Marktplatz gesehen?“
Maja nickt eifrig. „Genau, da haben Sie Ihre Frau fotografiert und …“
„… und wegen dieser Fotos haben wir Sie gesucht“, ergänze ich. „Möglicherweise befinden sich darauf nämlich wichtige Beweise!“
„Beweise?“, echot die alte Dame und schüttelt verwirrt ihre grauen Löckchen. „Was denn für Beweise?“

Da erzähle ich den beiden die ganze Geschichte. Von unserem Besuch im Café Venezia, von dem Diebstahl der Handtasche, der Aussage der Dutt-Frau und vom Verdacht der Signora Bianchi.
„Ah, jetzt verstehe ich“, sagt die alte Dame. „Ihr hofft, dass auf den Fotos, die mein Mann von mir gemacht hat, im Hintergrund auch der wahre Dieb zu sehen ist?“
Wir nicken eifrig, und ich kann meine Ungeduld jetzt kaum noch zügeln.
„Dürften wir die Bilder vielleicht mal sehen?“
„Aber natürlich!“ Der alte Herr lächelt.
„Es kommt ja nicht alle Tage vor, dass man auf seiner Hochzeitsreise helfen kann, einen Kriminalfall aufzuklären.
Mein Name ist übrigens Rindchen, Alfred Rindchen, und das ist meine Frau

Marielle. Kommt“, Herr Rindchen deutet auf eine Bank. „Wir setzen uns dort hin und schauen die Fotos in Ruhe durch. Ich bin selber sehr gespannt …!“

Drei Minuten später starren Maja, Jette und ich uns sprachlos an. „Das gibt’s doch nicht!“, ächze ich. Tatsächlich entlasten die Fotos Jo vollständig!

Gleichzeitig entlarven sie auch noch den wahren Dieb! Der herangezoomte Hintergrund der Fotos zeigt der Reihe nach deutlich, was im Venezia passiert ist: Zuerst sieht man die Frau ins Café

hineingehen. Ihre Handtasche lehnt an ihrem Stuhl. Auf dem nächsten Foto bückt sich der junge Mann am Nebentisch zu seinen Schuhen hinunter, als wolle er sie neu binden. Stattdessen greift er aber nach der verwaisten Damen-Handtasche am Boden. Auf dem nächsten Foto ist die Tasche spurlos verschwunden.
„Aber wo hat er sie versteckt?“, fragt Maja verwirrt.
Ich deute auf eine geräumige Papiertüte neben seinem Stuhl. „Hier drin! Ich wette, er hat die Tasche einfach zu seinen Einkäufen gestopft!“
Maja nickt. „Ja klar! Ah, schaut mal, auf diesem Foto sieht man Jo.“
Tatsächlich! Es ist wirklich Jo, der jetzt an den Tischen vorbeigeht und Richtung Tresen blickt. Wahrscheinlich hat er kurz überlegt, zu uns rüberzukommen.

Die Beobachtung der Dutt-Frau war also richtig. Nur ihre Schlussfolgerung nicht! Mit dem Diebstahl hat Jo nichts zu tun!
„Danke“, sage ich zu dem netten Herrn Rindchen. „Sie haben uns wirklich sehr, SEHR geholfen!“
„Und was passiert jetzt?“, fragt seine Frau gespannt. „Wir müssen doch etwas unternehmen!“

„Haben Sie noch ein bisschen Zeit?“, frage ich. „Dann könnten wir alle zusammen zum Eiscafé gehen und Signora Bianchi die Bilder zeigen. Vielleicht kennt sie den räuberischen Gast sogar.“

„Aber der Polizei sollten wir ebenfalls Bescheid geben“, ergänzt Herr Rindchen.

Und genauso machen wir es! Signora Bianchi und der herbeigerufene Polizist staunen nicht schlecht, als wir ihnen die Fotos des Handtaschen-Raubs zeigen.

„Mithilfe dieser Fotos dürfte es nicht allzu schwer sein, den Namen des Täters zu ermitteln“, sagt der Polizeibeamte anerkennend. „Mit etwas Glück finden wir den Kerl sogar in unserer Verbrecherkartei und euch winkt eine kleine Belohnung!“

„Also, EINE Belohnung ist euch auf

jeden Fall sicher", verspricht Signora Bianchi strahlend: „Der größte Eisbecher des Hauses Venezia für jede von euch dreien und für Sie beide der ‚Eisbecher d'amore'!"

„Oh, herzlichen Dank!" Herr und Frau Rindchen schmunzeln. „Wir würden unseren Eisbecher gern dem unbekannten Jo spenden, der zu Unrecht verdächtigt wurde."

Frau Rindchen zwinkert uns zu. „Dabei könnt ihr ihm dann erzählen, was ihr alles unternommen habt, um seine Unschuld zu beweisen."

Jette, Maja und ich grinsen uns an. Gute Idee! Die Lakritzschnecken werden Augen machen! Heute hat sich der ‚Klub der Kichererbsen' wirklich bewährt. Mal sehen, was da noch kommt …

Leserabe

Glossar

im Visier haben
im Blick haben

strafmündig
alt genug, um vor Gericht verurteilt werden zu können

Sonderkommission
Gruppe von Personen mit einem besonderen Auftrag

Tatort
Ort, an dem ein Verbrechen passiert ist

Spurensicherung
einen Tatort genau auf Spuren untersuchen

die Ermittlung aufnehmen
eine Untersuchung einleiten

Cheese [sprich: Tschies]
Englisch für Käse, bringt einen auf Fotos zum Lächeln

Fahndungserfolg

Erfolg bei der Aufklärung eines Verbrechens

Sherlock Holmes [sprich: Schörlock Homs]

berühmter englischer Detektiv

Geheimagent 007

berühmter englischer Agent (James Bond)

Hotelrezeption

Empfang im Hotel

entlarven

beweisen, dass jemand ein Verbrecher ist

heranzoomen [sprich: heransuhmen]

vergrößern

Verbrecherkartei

Sammlung mit Informationen über Verbrecher

Leserabe Leserätsel

Checkliste

Die wichtigsten Fragen zur Geschichte:
Wer · Was · Wo · Wie · Warum

Wer ist verdächtig?

- ☐ Signora Bianchi **B**
- ☐ Jo **V**

Was ist das Problem?

- ☐ Ein Gegenstand wurde gestohlen. **N**
- ☐ Die Eisdiele wurde überfallen. **X**

Wo ist es passiert?

- ☐ In der Eisdiele Vivanti **Y**
- ☐ Im Eiscafé Venezia **E**

Wie ist es passiert?

- ☐ Die Handtasche wurde der Frau entrissen. **W**
- ☐ Die Handtasche wurde unbemerkt weggenommen. **Z**

Warum ist das passiert?

☐ Die Frau hat nicht aufgepasst. **A**

☐ Jemand hat die Tasche verwechselt. **F**

Lösungswort:

	E				I	

Alle Fragen richtig beantwortet?

Dann ist es Zeit für die Rabenpost.
Wenn du das Lösungswort herausgefunden hast,
kannst du tolle Preise gewinnen!

Gib es auf der Leserabe Website ein
▶ www.leserabe.de
oder mail es uns ▶ leserabe@ravensburger.de

Ravensburger Bücher

Leserabe

Leichter lesen lernen mit der Silbenmethode

ISBN 978-3-473-**38542**-3*
ISBN 978-3-619-**14353**-5**

ISBN 978-3-473-**38545**-4*
ISBN 978-3-619-**14352**-8**

ISBN 978-3-473-**38546**-1*
ISBN 978-3-619-**14450**-1**

ISBN 978-3-473-**38548**-5*
ISBN 978-3-619-**14451**-8**

ISBN 978-3-473-**38550**-8*
ISBN 978-3-619-**14452**-5**

ISBN 978-3-473-**38543**-0*
ISBN 978-3-619-**14354**-2**

ISBN 978-3-473-**38544**-7*
ISBN 978-3-619-**14355**-9**

ISBN 978-3-473-**38547**-8*
ISBN 978-3-619-**14456**-3**

ISBN 978-3-473-**38551**-5*
ISBN 978-3-619-**14458**-7**

ISBN 978-3-473-**38565**-2*
ISBN 978-3-619-**14480**-8**

* **Broschierte Ausgabe** bei Ravensburger

** **Gebundene Ausgabe** bei Mildenberger

Mildenberger Verlag

Ravensburger

www.ravensburger.de / www.mildenberger-verlag.de

ERZ_15_009